Dr J. CHABANON

La Cigale des Cévennes Villefortaises

Tels blasons, telles villes.
MICHELET.

Notice historique & description héraldique
des
ARMOIRIES DE VILLEFORT

PARIS
IMPRIMERIE-LIBRAIRIE DE « LA PROVINCE »
168, rue Saint-Maur, 168

1911

Notice historique & description héraldique des

ARMOIRIES DE VILLEFORT

Dr J. CHABANON (✿)

La Cigale des Cévennes Villefortaises

Tels blasons, telles villes.
MICHELET.

Notice historique & description héraldique

des

ARMOIRIES DE VILLEFORT

PARIS
IMPRIMERIE-LIBRAIRIE DE « LA PROVINCE »
168, rue Saint-Maur, 168

1911

NOTICE HISTORIQUE & GÉOGRAPHIQUE

SUR

VILLEFORT (Lozère)

AVANT-PROPOS

Géographie — Histoire

Monsieur le Sénateur Maurice Faure, Ministre de l'Instruction Publique et des Beaux-Arts, recommandait naguère — 25 février 1911 — à MM. les Recteurs, dans une de ces belles circulaires dont il avait le secret, un enseignement dont sa haute pensée fut constamment éprise et préoccupée : celui de la Géographie et de l'Histoire locales.

Voici ses propres paroles :

« Dans notre France, si fertile en talents et en dévouements, il n'est pas un coin de terre qui n'ait son histoire particulière, d'où ne se dégagent presque toujours une vertu éducative, une leçon de civisme. On est d'autant plus attaché à son pays qu'on a de plus nombreuses raisons de l'aimer, de s'y sentir en quelque sorte solidaire des générations disparues.

« Il importe de mêler intimement l'enseignement de la Géographie et de l'Histoire locales à celui de la Géographie et de l'Histoire nationales, en puisant, le plus possible, les exemples dans le milieu même où les élèves résident, qu'ils connaissent et qu'ils aiment.

« Ce qui fait que l'Histoire apparaît généralement à l'enfant comme une étude difficile et peu attrayante, c'est qu'elle lui est trop souvent présentée d'une manière abstraite et sans lien avec la réalité qu'il peut concevoir. On ne l'y intéresse vraiment qu'à la condition de solliciter sa curiosité ou de provoquer son émotion.

« C'est surtout pour lui que l'Histoire doit être, suivant le mot de Michelet, une résurrection.

« Et comment réussira-t-on mieux à la rendre telle à ses yeux, qu'en la plaçant dans le cadre de son existence quotidienne, qu'en lui rappelant les faits dont sa région a été le théâtre, en lui racontant la vie de ceux de ses aïeux dont la mémoire a mérité de survivre, en lui montrant, tout près de lui, des sites, monuments, ruines, vestiges divers, propres à faire naître des visions évocatrices et de fortes impressions.

« Ainsi nourrie, pour ainsi dire, des sucs du terroir, l'Histoire Nationale — conclut M. le Ministre — sera plus vivante et mieux comprise. »

C'est pour réaliser, dans la mesure de nos faibles moyens, ce séduisant desideratum et ce beau programme d'une opportunité si utile, qu'après avoir écrit notre étude géographique sur « Le Cirque Charles Martius », ancien glacier du canton de Villefort, nous croyons faire une œuvre indispensable, non seulement pour la commune de Villefort, mais pour le pays des Gabales tout entier, en publiant aujourd'hui cette Notice Historique qui retrace, siècle par siècle, les événements les plus saillants qui se sont déroulés à Villefort.

Puissions-nous avoir réussi à frapper, par la lecture de cet opuscule, l'esprit des jeunes et à impressionner le cœur des vieux, en excitant la curiosité des uns et des autres.

Dans tous les cas, ce sera pour nous une bien douce satisfaction d'avoir essayé de les entraîner tous, en leur procurant un moment de distraction et d'oubli, vers cette bonne conseillère qu'est la science féconde et libératrice de l'Humanité!

Larmes de joie dans la coupe !

Le chantre de *Mireille*, morte d'amour, de *Calendal*, de *Nerte* et de *la Reine Jeanne*, de Naples, étouffée l'an de grâce 1382 entre deux matelas, dans la Basilicate du château de Muro, l'illustre Mistral, à qui nous avions adressé notre Notice Historique, accompagnée d'une monographie du *Paure Pierounet*, cette jeune victime de l'ignorance paternelle et de l'incurie médicastre, a bien voulu enlacer nos plaquettes de la *Bluio Flour dóu Souveni*, (1) ainsi que les chênes, les guis et les *péloussies* qui décorent le blason de Villefort, beaux arbres dont raffolait le chef immortel de l'idiome raïol, l'auteur des *Castagnados*, qui dresse sa grande face de bronze à l'entrée du Petit Peyrou d'Alais, « lou tan pouli Alès », du Marquis de La Fare.

(1) C'est du myosotis, le Vergiss Mein Nicht des Allemands (ne m'oubliez pas), qu'il s'agit ici.

Nous adressons à l'élève chéri de Roumanille, « lou cantaire di *Margarideto*, à Mistral, maître suprême de l'Ecole Félibréenne, un merci cordial et respectueux.

Voici sa guirlande fleurie, que nous déposons pieusement sur les Armoiries Villefortaises :

A Jùli Chabanou, medecin à Vilo-Fort.

Mi meiour coumplimen à l'elouquènt cantaire de Vilo-Fort, tant fieramen e noublamen ispira pèr l'amour de la terro maire !

Osco pèr li Beilairòu de Vilo-Fort e pèr soun mège !

Gramaci, gramaci, encaro gramaci !

De cor, FREDERI MISTRAL.

1911. Maiano, lou jour de Santo Escoulastico.

Villefortis, patriæ gabalorum clavis

Villefort, (1) clef du Gévaudan, je te salue !.. Tu es la terre de prédilection du granit et des châtaigniers contemporains des quatre premiers mûriers apportés en France,

(1) La clef du Gévaudan porte en relief, à droite, la Roue Fulgurante, emblème qu'on voit sur les autels païens des Gaulois et des Romains, dédiés à Jupiter, dieu du tonnerre, et qui a été adopté comme symbole du bruit de la foudre, comparé souvent au roulement d'un char sur un terrain inégal.

Les faces terminales de cette clef sont traversées par le signe de l'égalité universelle : la Croix triomphante des premiers chrétiens des catacombes, et les quatre clous qui martyrisèrent le Christ.

Memorandum : le fragment le plus authentique que l'on connaisse de la vraie Croix a été enchâssé dans une croix d'argent crêtelée, offerte en 1099 par Godefroy de Bouillon au sire d'Estournel, Raimbauld, entré le premier dans Jérusalem, d'après le témoignage d'Orderic Vital. L'Histoire raconte qu'à la Mosquée d'Omar le sang s'élevait jusqu'à la hauteur des genoux, pendant que les belligérants s'entr'égorgeaient sans pitié !

La cathédrale de Carpentras possède le célèbre saint mors du cheval de Constantin, forgé avec un clou de la Passion. Un autre clou orne le trésor de Notre-Dame de Paris. Il arrêta, dit-on, l'an de grâce 1176, la Seine, sur le point de submerger la ville insubmersible, *fluctuat nec mergitur*, présenté aux flots en furie par l'évêque de Paris qui, l'ayant tiré de sa châsse, en tourna la pointe vers le fleuve et dit :

au XIVe siècle, par l'auteur du « Théâtre de l'Agriculture », l'agronome ardéchois de Villeneuve-de-Berg, Olivier de Serres, célèbre protégé du roi de la poule au pot, Henri IV, et de l'illustre ami, à la mort et à la vie, du pacificateur religieux, Rosny, duc de Sully.

Comme ils sont gracieux et jolis, tes « Peloussiés » qui accompagnent le cévenol de la naissance à la tombe, et qui, après avoir servi à tresser sa *bressolette*, à le nourrir et à réchauffer son corps transi de froid, sont encore employés une dernière fois pour confectionner, à son trépas, son modeste cerçueil raïol !

« Que ce signe de la sainte Passion fasse rentrer les eaux dans leur lit et protège ce misérable peuple ! »

Le roi Louis VII, immobilisé par la paralysie qui devait l'emporter quatre ans plus tard, présidait cette émouvante cérémonie, entouré de sa cour et porté à bras dans un fauteuil.

Heureux temps, où la Foi faisait des miracles !.. Nous ignorons où se trouvent les deux autres clous ; quant au bois sur lequel N. S. J. C. fut crucifié, c'était un morceau de cyprès. (*Cupressus serpervirens*).

Qui pourra dévoiler l'obscure trame de ton origine? La science ?

Mais, n'est-elle pas impuissante à dire d'où nous venons, où nous allons, et, demain ainsi qu'hier, quel troublant mystère ! Comme celle des peuples heureux, ton histoire se perd dans la nuit des temps !

Ah ! que j'aurais voulu te voir, terre incognita, au tragique moment où la nature, fracassant ses moules, réduisit sa colossale stature, et où le premier mortel, longtemps après le dur cristal enroché à travers les fissures des âges, après le lichen et les graminées absorbantes, risqua son premier pas incertain, il y a 240.000 ans environ, sur le sol à peine raffermi d'un monde sorti du chaos 600 millions d'années auparavant !

Comme l'a si bien dit, dans la *Mêlée Sociale*, l'éloquent vendéen qui naquit bleu au pays des blancs, le docteur sénateur Georges Clémenceau : « L'herbe a vaincu le lichen comme le lichen a vaincu le cristal. Survint l'arbuste, qui prit la vie de tous. La faim fut reine du monde. Les troupeaux dévorèrent le lichen, l'herbe et l'arbrisseau. Le berger mangea le chevreau, et l'obscure végétation cellulaire qui fut le premier mot de la vie, dira le dernier mot du berger ! »

Tu fus d'abord, Villefort, un abri sous roche, que sais-je ! une caverne peut-être, où venaient se reposer, loin des féroces carnassiers, les dolicocéphales chasseurs troglodytes, habiles trépanateurs qui, assagis par la famine, vivant toujours au hasard des journées, élevaient les petits dont ils avaient abattu les mères avec leurs silex acérés, et qui s'acheminaient lentement vers une civilisation plus parfaite, vers le but idéal de l'universelle Fraternité, marqués au front, par le Créateur, du signe de leur noblesse et de leur royauté prochaine.

Os homini sublime dedit ; cœlumque tueri
Jussit et erectos ad sidera tollere vultus.

Tu devins ensuite un tout petit Burgus celtique, un Borg en langue gauloise (lingua gallicana), avec des huttes en chaume qui abritaient les guerriers gaulois brachycéphales, venus d'Orient et issus de Javan, quatrième fils de Japhet, l'*audax Japeti genus* d'Horace.

Comme elle était heureuse, ta chétive bourgade dans sa simplicité rustique, au bord du Val de Palhères (du latin *Palearia*, lieux où l'on serre la paille), où coulaient les flots azurés d'un antique glacier quaternaire. Et tes Samoles aquatiques (*Samolus Valerandi*, L., ou mouron d'eau)! et tes Sélages à pied de loup (le lycopode)! et tes verveines à odeur de citron!.. et tes guis (1) immortels! et tes grands rouvres! quelle ne devait pas être leur beauté primitive, quand le Dieu gaulois de la Guerre, Heus (2) couronné de verts feuillages d'yeuse, une hache à la main, parcourait les bois chenus de la Gaule, pendant que les hommes du chêne, les Druides, accomplissaient dans les forêts mystérieuses et sur le Dolmen du Thord (3), ancien bloc erratique de Costeilade, leurs terribles cérémonies qu'accompagnaient des rites solennels et sanglants!

(1) Le Gui parasite dénommé en latin *Viscum Album*, gui blanc, s'appelle dans l'Ain verguet, petite vergue et, dans le canton de Villefort, Rabaliscle, qui tire son origine du radical *Raa*, vergue, en langue celtique et du latin *baliolus*, roux. Cette plante devient en effet couleur de rouille en se desséchant et se compose de petites verges.

(2) Dans un bas-relief qui fut découvert, en 1711, au-dessous de Notre-Dame de Paris, on voit Heus ou Hésus, à demi nu, couronné de feuillage, une cognée dans ses mains et le genou gauche appuyé sur une yeuse qu'il coupe.

Pourquoi l'étymologie d'Euzet, *iousé*, yeuse, ne viendrait-elle pas de Heus ?

(3) Dolmen du Thord (du latin Taurus, taureau).

L'éminent Monsieur Georges Fabre veut bien nous informer que, contrairement à notre assertion, ce Dolmen n'est pas un bloc erratique de nature granitique comme les rocs de l'ancien glacier lozérien.

D'après ce savant géologue qui a minutieusement analysé cette roche, la pierre plate posée de champ sur le bord de la voie regordane, au sud du village du Thord, est un témoin lointain de la grande nappe de grès,

Sunt lacrymæ rerum !
Que de larmes autour des Dolmens !

Ce furent les fils de la Louve qui vinrent, dans un jour de malheur, te ravir ton bonheur.

L'Alauda, l'Alouette gauloise qui avait plané sur la Ville Eternelle, l'an 390 avant Jésus-Christ, conduite par les légions du Brenne, le plus brave guerrier de l'antiquité, dut, hélas ! comme le Coq gabale, matinal et vaillant, succomber sous la serre cruelle de l'Aigle païenne, victorieuse et implacable dans sa triomphante revanche.

De 58 à 50 avant l'ère chrétienne, Jules César, prématurément fané par les débauches de la décadence latine, général volontaire et violent :

« *Sic volo, sic jubeo, sit pro ratione voluntas !* » s'empara de la Gaule qu'il appela Gallia Comata, Gaule à

laissé sur place par l'érosion, une petite cave en miniature, utilisée peut-être par les peuplades néolithiques.

Tout en remerciant Monsieur Fabre, nous ne saurions oublier que chez les populations de l'âge de la pierre polie qui, comme l'a démontré Prunières, de Marvéjols, opéraient la trépanation sur de jeunes enfants en vie, avec leurs outils en silex, et portaient à leur cou, en guise d'amulettes, des rondelles détachées des crânes humains, les dolmens étaient devenus d'un usage commun.

Le Palet du Thord (lou Palet del Thor), pouvait être aussi bien le revêtement supérieur enseveli d'un tumulus, d'une tombe, que d'une Cella entièrement close. Les Dolmens succédèrent en effet à l'enfouissement des cabanes dans des grottes naturelles et dans des cryptes sépulcrales creusées dans les roches.

Le Mégalithe du Thord servit peut-être aussi d'autel préhistorique à l'occasion de la célébration des funérailles celtiques et des sacrifices humains, à l'époque où l'Empereur Auguste défendait aux Druides d'immoler des victimes. Peut-être aussi allumait-on des feux sur ce plateau de grès, pour brûler les condamnés. Cependant, on n'y décèle aucune trace ignée, à cause de sa constitution siliceuse qui ne se prêtait pas à l'imprégnation indélébile du feu, comme la pierre calcaire des Arènes de Nîmes qui porte encore la trace de l'incendie de Charles Martel, au 8e siècle. Il existe aussi, sur cette dure pierre si peu sensible aux intempéries de l'air, une petite rigole. Etait-elle destinée à l'écoulement du sang des suppliciés et des taureaux égorgés au Thord ?

chevelure, à cause de ses grandes forêts et de ta bourgade.

La précieuse Clef du Gévaudan dont les habitants, les *Capillati* de Pline, portaient de longues et soyeuses chevelures, enrichit le trousseau des Romains, souillés déjà du généreux sang des Gaulois égorgés aux Arènes du Colisée, au milieu d'inhumaines acclamations, pour le plaisir de Rome, comme l'a si éloquemment exprimé Byron dans ses vers immortels sur la statue du « Gladiateur mourant » du Capitole :

« *Ave Cæsar, morituri te salutant !* »

Jules César te débaptisa(1) et te nomma *Villefortis*, ville fortifiée, bien défendue, pour rendre un solennel hommage à la valeur inlassable de tes hommes de granit et de fer qui passèrent sous le joug des légions dont l'omnipotente domination dura 400 ans, conservant toutefois, dans leur noble défaite, la hautaine fierté de leur race forte, grande et croyante.

Villefortis n'en demeura pas moins, pour cet autre Alexandre, le nœud gordien le plus inextricable qu'il y ait eu à trancher dans cette sanglante chevauchée qui coûta la vie à 2 millions d'hommes et à l'héroïque Vercingétorix — *tristis usque ad mortem* — lâchement décapité à Rome pour avoir tenté de sauver l'indépendance de sa Patrie, pendant que ses compagnons d'armes, les farouches Arvernes de Gergovie, qui portèrent longtemps dans leur cœur le deuil aussi légitime que sincère de leur malheureux chef, eurent les poings coupés pour prix de leur vaillance.

Œgregias animas qui sanguine nobis
Hanc Patriam peperere suo.

(1) Si nous savons par l'Ecriture Sainte que « Caïn fut premier bastisseur de villes », nous avons appris aussi par l'Histoire que Constantin imposa son nom à Constantinople et Alexandre à Alexandrie. Il n'est donc pas étonnant que Julius Cœsar ait fait désigner, par ses officiers, la bourgade sous le nom de Villefortis, ville d'honneur.

Grands cœurs ! qui, de leur sang, nous ont fait la Patrie !

Tu dois pourtant à la conquête du délicat épileptique, venu au monde par l'opération césarienne (d'où son nom (1) du latin cœdere, couper, inciser), et qui devait mesurer lui aussi la hauteur de la Roche Tarpeia, toujours voisine du Capitole, en s'écriant, sous le poignard des conjurés : « Tu quoque, fili mi, ô Brute ! » toi aussi mon fils, ô Brutus ! tu dois à César des maisons en pierre, du style romain asymétrique de la décadence, mitigé par les Gaulois qui étaient loin, aux premières lueurs du christianisme, d'être des artistes, le défrichement de tes champs et une via romana, la voie Regordane (2) que fit édifier à grands frais un de ses éminents successeurs : l'empereur Gordien. Les gens de Villefort portent encore le nom de Regordiens (Regourdios, en patois).

A l'époque de l'invasion romaine, bien que la société villefortaise eût atteint un certain degré de civilisation,

(1) Comme en Lozère et ailleurs, les Romains avaient parfois des noms et des surnoms caractéristiques : Lucius Balbus (le bègue), Curius Dentatus (le dentu), Tullius Cicero (pois chiche), Horatius Coclès (le borgne). Ovidius Naso (le nasu), Scipio Nasica (à long nez) ; mais l'épithète de Grandinatus (grêlé), manquait à leur vocabulaire. La petite vérole n'existait pas alors, comme l'a si bien démontré M. le professeur Anglada, de Montpellier, ce digne fils d'Hippocrate son maître, dans ses *Études sur les maladies éteintes et les maladies nouvelles*.

(2) Suivant M. Fabre, la voie Regordane, qui allait de la *Colonia Augusta Nemausus* (Nîmes) au plateau Arverne de Gergovia (Clermont-Ferrand) et traversait Alais (Ala, Aile), en une courbe en demi-cercle (la Grand'Rue actuelle), serait d'origine celtique — le radical *Reg* signifiant chemin — et, par conséquent, bien plus ancienne que ce que nous pensions. Nous prenons acte de cette manière de voir. Cependant, si M. Fabre veut parcourir avec nous la Géographie de la Lozère publiée en 1885 par Adolphe Joanne, auteur du *Dictionnaire Géographique*, il trouvera à la page 32 de cet ouvrage, la phrase suivante : « La voie Regordane, attribuée au règne de Gordien, etc. ». Lequel des deux a raison ? Ne serait-ce pas le cas de rééditer le mot de l'école : *Gratis affirmatur, gratis negatur ?* Dans tous les cas, cela prouve qu'il n'y a rien de nouveau sous le soleil. *Nil novi sub sole.* (Ecclesiaste, 1.10.)

elle était comme toute la Gaule gothique (*Gallia gothica*), divisée en deux castes : la noblesse et la plèbe.

En général, nos ancêtres étaient grands et forts ; il y en avait cependant beaucoup de petits et de bruns, qui ressemblaient aux Bretons de nos jours.

Les principales villes, telles que la Garde-Guérin, étaient entourées de remparts composés de murs épais en pierres qu'on ne savait pas unir par le mortier. Elles avaient le droit de frapper la monnaie et fabriquaient (à Banassac surtout) leur poterie rouge sur le tour.

Nos pères connaissaient le fer dont ils confectionnaient leurs longues épées, mais ne savaient pas le transformer en acier. Peut-être cette circonstance fut-elle la cause de leur défaite, car les Romains, qui faisaient un excellent acier, possédaient un armement mille fois supérieur à celui de la Gaule.

Depuis près de vingt siècles, la Regordane, qui constitue en certains endroits la grande draye des troupeaux transhumants, accompagnée de la voie Soubeyrane, traverse Villefort ainsi que le pont gallo-romain Saint-Jean, à côté d'un ancien groupe de maisons qui s'appelle Rome, et de la vieille Gleisette, d'architecture romane, érigée sur un temple païen, vers le IIIe siècle, époque où le christianisme fut apporté dans ta cité.

La citadelle (1) fut successivement attaquée, au VIIIe siè-

(1) Il existait très probablement au collet de Villefort, sur le sommet de la propriété de M. Alphonse Marcy, dénommée sur la matrice cadastrale « Castel-Viel », une forteresse primitive, un oppidum gaulois auquel succéda une citadelle romaine, destinée à surveiller le passage le plus important de la voie regordane et de la *via superiorem*, la Soubeyrane, qu'on appelait la clef du pays des Gabales. Cette citadelle devint une place importante.

La maison de M. Maurin, qui était un château, ne fut édifiée que plus tard ; il reste encore de solides traces de cet édifice.

Comme nous, qui faisons depuis trente ans des recherches à Castel-Viel, pour découvrir les débris de l'oppidum, M. G. Fabre a souvent exploré cette région, dans le même but. Nous savons que M. André y effectua autrefois de précieuses trouvailles. Que sont-elles devenues ?

cle, qu'illustra le neveu de l'empereur Charlemagne à la barbe fleurie, le preux Roland à l'olifiant d'ivoire des rudes légendes, par les fils musulmans du prophète Mohammed, les Mores d'Espagne ; au XIVe, par les routiers anglais que le Breton de la Bretagne bretonnante, Bertrand Duguesclin, ne parvint à bouter defors Châteauneuf-de-Randon qu'en 1380 ; au XVe, qu'immortalisa la vaillance de deux courageuses patriotes : Jeanne d'Arc et Jeanne Hachette, par les Bourguignons et les Armagnacs mutuellement assoiffés de vengeance, et la majeure partie de ton territoire, le Randonat, qui vit à Pradelles (Pratellœ, petits prés), l'événement historique du 8 mars 1518 (1), appartint, jusqu'en 1515, aux puissants seigneurs les Comtes de Polignac et les Barons Du Tournel.

Sous le siècle de Louis XIV, tu reçus la visite d'un grand astronome, Cassini, le triangulateur de la France, qui donna son nom : Signal de Cassini, au sommet le plus élevé du mont Lozère (1702 mètres d'altitude), quelques années après le partage du Languedoc, opéré vers 1633, par Louis XIII, en Haut Languedoc, Bas Languedoc et Cévennes, qui comprenaient le Gévaudan, le Vivarais et le Velay.

Après la révocation de l'Edit de Nantes, dans la deuxième partie du règne de Louis XIV, que l'irrévérencieux Michelet divise en deux périodes fondamentales : « Avant et après la fistule », comme celui de François Ier : « Avant et après l'avarie », en vertu de l'Edit de Versailles, promulgué

(1) Pendant l'horreur des guerres de religion, l'année même du complot formé par 45 gentilshommes dévoués au bon Roi (!) Henri III, qui aboutit à l'assassinat de Henri de Guise, « Ah ! qu'il était grand ! encore plus grand mort que vivant ! », Jeanne la Verdette, voyant Pradelles assiégé par les protestants, ayant à leur tête René de La Tour-Gouvernet, dit Chambaud, qui, se croyant maitre de la place, s'était mis à hurler : « Ville prise », fit rouler du haut des remparts, en s'écriant : « Pa'ncaro », un énorme bloc qui écrasa le fameux capitaine calviniste, dont la mort sauva Pradelles des rancunes fratricides entre catholiques et huguenots.

le 20 novembre 1692, dans le salon de l'Œil de Bœuf où le Roi Soleil avait été opéré, le 2 novembre 1686, dans la région inférieure de son auguste personne, tu reçus, ainsi que toutes les autres cités *raïoles* (royales) et fidèles au catholicisme,

« *Deo et Ludovico Magno fideles perpetuo* »,

les Armoiries de :

Gueules à une fasce losangée d'or et de gueules.

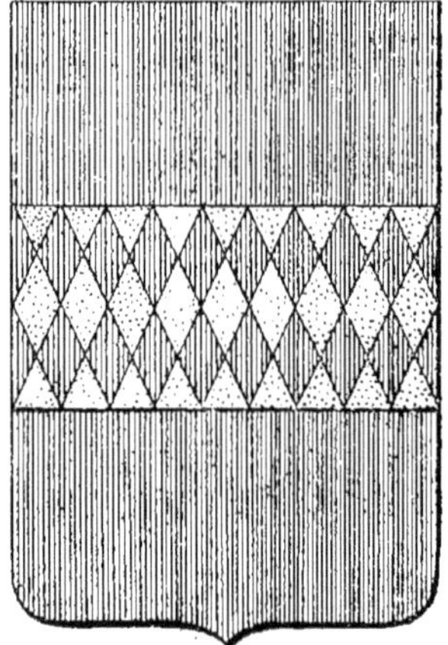

Elles furent enregistrées au Grand Armorial par Charles d'Hozier, juge d'armes de France. Elles sont composées d'une frise de losanges (louanges en vieux français) sur un fond rouge, couleur des vitraux de la Sainte-Chapelle.

N'était-il pas nécessaire alors de louanger, de féliciter les populations et de jeter le manteau doré de l'oubli sur l'Acte le plus impolitique de ce grand siècle, qui devait se solder, dans nos malheureuses Cévennes huguenotes (1),

(1) C'est l'ancêtre du Maréchal de Villars, l'adroit négociateur à Nîmes (1704) de la soumission de Jean Cavalier, de Ribaute, dans le jardin des Récollets, le comte De Villars, lieutenant-général du Languedoc, qui employa le premier, dans une lettre en date du 11 novembre 1560, le terme de « Huguenaulx ».

par un passif de 199 villages détruits par le fer ou le feu et le trépas de 15.000 personnes?

Par respect pour l'Histoire, nous intercalerons donc Gueules et Losanges dans le cadre des Armes Villefortaises.

L'année même où l'on scia la tête de Lally-Tollendal, pour le récompenser de la capitulation de Pondichéry qui livrait aux rapacités de l'Angleterre un des pays les plus fertiles de l'Asie, l'Hindoustan, peuplé de 200 millions d'habitants, en 1766, M. Chas étant maire et M. Chabalier curé, tes fidèles eurent la pieuse joie d'entendre l'éloquence grandiloquente d'un émule de Bossuet et de Fénelon qui prêchaient à quinze ans devant une illustre assemblée : du père Bridaine, de Chusclan (Gard), l'étonnant protégé du Cardinal-ministre De Bernis, de Saint-Michel d'Ardèche.

Villefort, où il prêcha la 103e mission de son glorieux apostolat, fut la dernière étape

> Du brillant orateur saintement populaire
> Qui, content d'émouvoir, négligeait l'art de plaire.
> (MARMONTEL).

Bridaine avait effectué ses débuts à Aigues-Mortes, la cité de Saint-Louis aux créneaux éternellement dorés par le soleil du Midi.

Et nunc, erudimini.

1790 comptera pour toi comme une grande date. Tandis qu'en pleine tourmente révolutionnaire, Charrier de Nasbinals, député du Gévaudan et chef des royalistes lozériens, tentait sournoisement d'ameuter ses compatriotes contre la Constitution et méritait ainsi d'être condamné à mort et exécuté la même année que Louis XVI (16 juillet 1793), comme tous les autres districts, tu célébras, Ville-

Ce mot Huguenot est antérieur de deux siècles à la Réforme. On le trouve, en effet, dans un texte du 7 octobre 1387, qui fait mention de Huguenot Pascal, de Saint-Junien en Limouzin, docteur en décret.

fort, le 14 juillet 1790, la Fête de la Fédération, en l'honneur de la prise de la Bastille, c'est-à-dire l'union de tous les Français sous la cocarde tricolore qui allait bientôt faire le tour du monde, suivant la prédiction du général La Fayette.

A l'occasion de cette fête, on dressa sur la place de la Liberté (lou pourtalet), un superbe peuplier (l'arbre du peuple) surmonté du drapeau tricolore, que le clergé bénit en grande pompe.

Comme au pont de Montvert et à Saint-Jean du Gard où le pasteur et le curé s'embrassèrent à l'autel même de l'église, les citoyens de Villefort, oubliant, en ce jour d'allégresse, les divisions sociales et les discordes civiles, se réconcilièrent, jurèrent de se défendre en s'aimant éternellement et envoyèrent à l'Assemblée Nationale une lettre de félicitations jointe au procès-verbal de leur fête.

Si Mende fut la patrie de Saint-Privat dont la tombe devint le berceau de la cité gabale ; si Grizac le Camisard donna le jour au meilleur des Papes, Urbain V, né Guillaume de Grimoard ; si Nojaret le Juglandé a le droit de s'enorgueillir du chimiste Chaptal, que l'Amérique et l'Angleterre disputaient à la France et qui fut le rapporteur général de la 2e exposition internationale de 1794, la Sans-culottide (1), (la première avait eu lieu sous le règne de Louis XI) ; si des granits de Saint-Chély le Baraban surgit, pour protéger l'enfance malheureuse et abandonnée, le philanthrope Théophile Roussel ; dans le courant de 1791, tu vis naître dans la maison du citoyen Borelly Hyacinthe, agent national du district de Villefort, le fils du conventionnel Jean André Barrot de Planchamp et de Thérèse Jeanne Virginie Borelly : Odilon Barrot, avocat et homme

(1) Sans culottide, sans culotte.

L'étymologie de ce surnom vient vraisemblablement de ce que les démocrates de 1793 qui, sans bas et coiffés de bonnets de laine, repoussaient la culotte courte de l'ancien régime et, fiers de leurs guenilles, portaient le pantalon.

d'Etat, auteur estimé de mémoires posthumes d'une très haute valeur politique et littéraire.

Apôtre de la tolérance, épris de justice et de liberté, Odilon Barrot fit pour madame Doize, injustement condamnée à mort pour un parricide dont elle était innocente, ce qu'avait héroïquement accompli le patriarche de Ferney, M. de Voltaire, pour le calviniste Calas, faussement accusé d'avoir, en 1761, pendu son fils parce qu'il voulait abjurer le protestantisme.

Barrot ouvrit une souscription et ses généreuses offrandes, jointes à celles de ses nombreux amis, consolèrent la malheureuse femme des regrettables méprises de la justice.

Errare humanum est !

Il eut aussi le périlleux honneur d'être le promoteur de la campagne des Banquets réformistes qui aboutirent à l'émeute de février, au renversement de Louis-Philippe et à la proclamation de la deuxième République en 1848, date d'autant plus mémorable, que cette même année, Simpson, d'Edimbourg, accomplissant le rêve du grec Hippocrate :

« Soulager la douleur est une œuvre divine »,

découvrait, un an après l'éthérisation, l'application chirurgicale et anesthésique du chloroforme, ce bienfaisant précurseur des Bromures du Montpelliérain Balard et des injections sous-cutanées de la fée du XIXe siècle et du XXe, la soporifique Morphine.

Ton conseil municipal, Villefort, prendra-t-il un jour la décision d'inscrire le nom d'Odilon Barrot sur une de tes places, en attendant d'ériger une statue à ton fils qui fut certainement l'un des plus distingués

De Viris Illustribus Urbis Villeforte.

Puissent mes désirs d'aujourd'hui devenir la réalité de demain !

Le primidi Floréal de l'An II de la République (1er Mai 1793) eut lieu sur ta place de la Liberté, en face de l'Hostel Balme, le baptême solennel et civique d'un nouveau fils du député Barrot, né le 30 Germinal (30 avril), auquel le Président de la Société populaire républicaine du district de Villefort donna, aux cris de « Vive la République » mille fois répétés par les citoyennes et les citoyens réunis autour de l'Autel de la Patrie (1), les nom et prénoms de Barrot Lycurgue Greffoir, d'après le calendrier nouveau de l'An II de la République Française, une et indivisible.

Le 8 décembre 1804 fut également un jour inoubliable pour les Regordiens de Villefort.

Tout le monde sait qu'à cette date, le consul Bonaparte — qui fatigua, au point de la tuer, « la cavale indomptable et rebelle, sans frein d'acier, ni rênes d'or », personnifiant, pour l'Académicien Auguste Barbier, la France de Messidor, — reçut, des mains pontificales de Pie VII, l'huile sainte et posa lui-même la couronne impériale sur son vaste front de Corse aux cheveux plats ; mais ce qu'on ignore peut-être sous beaucoup de toits, c'est que, dans cette matinée historique, tu entendis les hâbleries emphatiques d'un Italien qui connaissait « de fort belles humanités », mais qui, n'étant pas sorti de la Faculté de Montpellier, n'avait pas le droit : « *Medicandi*, *Saignandi*, *Purgandi*, *Taillandi*, *Coupandi et Occidandi*, *impune per totam terram* », comme disait dans un réjouissant latin de cuisine, l'illustre tuberculeux Molière, qui mourut d'une hémoptysie foudroyante dans la robe de chambre d'Argan, en parodiant la cérémonie de la collation du bonnet doctoral et se moquant, dans le *Malade Imaginaire*, des médecins de son temps, qui ne toléraient pas qu'on mît un seul grain de sel dans un œuf à la coque, sans ordre de la Faculté.

(1) Le mot de Patrie, qu'on prononçait à tout instant au moment de la tourmente révolutionnaire, n'était presque pas usité autrefois. Il est sorti le 30 mai 1431, dans sa grandeur tragique, du Bûcher de Rouen. C'est le 16e siècle dont Michelet disait : « Ce siècle est un héros ! » qui a eu le mérite de le propager, grâce aux efforts de l'écrivain Joachim du Bellay et à l'emploi qu'en faisait Charles Fontaine, lorsqu'il écrivait dans son « Gentil Censeur » : « Qui a païs, n'a que faire de Patrie ! »

Ainsi que le Docteur Grégoire, l'Italien n'avait ni cordons, ni grades. C'était pourtant le plus grand charlatan du monde : Chiarini, inventeur du fameux anthelmintique qui porte son nom.

Ab uno non disce omnes.

A midi précis, la calèche de l'empirique, éblouissante de dorures, escortée de 30 musiciens à cheval, était fièrement campée devant l'église.

Superbe sous son impeccable tenue ancien régime, coiffé d'une perruque oiseau-royal, constellé de bijoux, Chiarini montra au public une montre à répétition d'un grand prix qu'il fit sonner, puis une seconde plus riche, une troisième ornée de diamants, enchâssée sur sa tabatière d'or, et enfin une quatrième qui servait de chaton à sa bague.

« Dieu ne multiplie pas ses phénomènes ! » s'écria-t-il, dans la péroraison d'un laïus bourdalounien (!) d'un cocasse achevé :

« Il n'y a au monde qu'un Soleil,
qu'un Napoléon
et...... qu'un Chiarini ! »

Oubliant alors qu'il était à Villefort, clef du Gévaudan et patrie du Doyen de la Faculté de Montpellier, Antoine Chaptal ; de Nojaret, Ministre de l'Intérieur, il ajouta en guise d'aphorisme hippocratique :

Numero Deus impare gaudet !

(Un nombre impair réjouit toujours le cœur de Dieu !)

Ce fut un grandiose spectacle, unique en son genre, et une immense joie pour les Villefortais, que de goûter l'éloquence gallo-romaine du populaire latin Nîmois, compatriote d'Antonin le Pieux, qui coulait à pleins bords d'une bouche spirituelle, comme la " purée septembrale " et rabelaisienne des pressoirs languedociens.

Sic itur ad astra !

Sur le déclin du second Empire, tu obtins pour l'église des vitraux colorés, presque aussi beaux que les vitraux rouges des quinze fenêtres de la Sainte-Chapelle, d'architecture arabe, où Saint Louis présentait au peuple, dans les solennités du XIIIe siècle, la couronne d'épines (1) du trésor de Notre-Dame de Paris. Ta grosse cloche, si ressemblante au bourdon historique de Mende qui passait pour le plus sonore de la chrétienté, si nous en croyons le tercet :

> Je m'appelle « Non-Pareille »,
> Cinq cents quintaux je pèse,
> Le poids de ma langue est seize !

Tu la dois également aux princières largesses

> Dóu brave Marquis de Chambrun
> Qu'acata lou quiéu à mai d'un !

Que faut-il donc de plus à ta gloire ?

Mais j'oubliais un dernier détail. Le voici : Lors de l'inondation de septembre 1890, la crue des ruisseaux fut tellement véhémente qu'elle noya, sans qu'on pût la sauver, la sœur du curé Moïse, ce brave et regretté monsieur André.

Les eaux envahirent également le cimetière et, réalisant le rêve macabre d'un je-m'en-fichiste villefortais qui ne cessait de répéter, dans son insouciance, le mot du spirituel libertin du Parc aux Cerfs, Louis XV : « Après moi, le déluge », emportèrent, affirme-t-on, la bière du farceur vers des rivages inconnus.

Peut-être cette boîte en sapin fut-elle recueillie en Arles où, au Moyen Age, la dévotion aux sépultures était telle que, pour être enterré à son « campo santo », les villes riveraines du Rhône livraient au cours du fleuve les cercueils destinés aux Alyscamps romains (Champs-Elysées),

(1) La couronne d'épines fut composée, croit-on, avec le Rhamnus spina christi (épine de Christ), espèce de Lotus dont la fleur d'une autre variété, le *nymphæa*, qui était l'emblème de la déesse égyptienne Isis, fut offerte par Cléopâtre au vainqueur d'Antoine.

en déposant à l'intérieur les droits de mortellage (mors, la mort), pour que le cadavre arrivât à bon port.

Maintenant, dans ton *Aurea mediocritas*, te voilà presque une grande ville avec ta grand'route nationale, tes nombreux chemins vicinaux et ton pittoresque chemin de fer inauguré en 1870, qui remplace si avantageusement les relais de poste de Villefort, institués en juin 1474, par Louis XI et cette formidable diligence, « La Montagnarde » des Pugin, dont le Gambettiste Reboul, le Romanus Bonnefoy, et Jardin, surnommé « lou pifraïre », furent les derniers agents.

Tu conserves pieusement la Gleïsette St-Jean, en souvenir du farouche ascète dont l'aigle était l'oiseau emblématique et qui, les reins ceints d'une peau de bête, vivait au désert, s'y nourrissant de sauterelles, toujours armé d'une croix de roseau. Tu entretiens, avec un soin jaloux, les solides débris de ton vieux château et tes maisons du XIVe siècle aux fenestrages si artistiques :

Fan de dentello
Vers lis estello,

habitées — aux temps éloignés du Moyen Age où les maîstres enlumineurs calligraphiaient de superbes dessins les missels des belles châtelaines, — par les nobles seigneurs Du Tournel et « la puissante et magnifique Dame Guérine Gabrielle du Tornel et de Saint-Remize ». Ton ermitage dont le prieuré était à Gueldes, dédié à Saint-Roch (1) qui naquit sur la montagne des jeunes filles, Montpellier

(1) St Roch dont les statues sont ornées d'un bubon pesteux, jouissait d'une réputation universelle pour préserver de la peste qu'il eut deux fois et dont il mourut à la deuxième atteinte. En 1845, les Vénitiens firent venir de Montpellier le corps même du Saint pour le promener dans leur ville décimée par la peste.

« Vous qui craignez la peste et ses mortels effets,
« Allez prier Saint Roch, vous ne l'aurez jamais. »

(mons puellarum), et à St Loup (1), originaire de Toul, tes nombreuses promenades aux environs, le pont gallo-romain et les maisons du XVIe siècle de Bayard, dernier asile des mûriers et de la vigne, en allant de Nîmes à Langeac, méritent, ainsi que les viaducs de l'Altier (1867) et de Louis-Philippe (1840) d'être visités.

Mais ce qui doit le plus vivement frapper l'esprit et passionner le cœur des villégiateurs, c'est la magie de ton sol rocailleux, de tes pics fantastiques qui élèvent désespérément, comme « l'Aguille de la Chandelette », leurs cimes, ainsi que des Titans révoltés contre Jupiter, jaloux de sa gloire et orgueilleux eux-mêmes d'effrayer et de terrifier les mortels ; c'est l'ensorcellement enchanteur de tes sites alpestres, de tes bois, enfin, mystérieux et semblables aux forêts des contes de fées, où le silence et l'ombre sont à peine troublés par le mélodieux gazouillement des oiselets insectivores, les plaintives mélopées des chevriers et le bruit des torrents qui bondissent en cascatelles, au milieu des charmantes prairies aux effluves parfumés, fraiches et parsemées de gentianes dont les fleurs, du plus beau jaune, étoilent d'or les hauteurs villefortaises, refuge des « Béliardes » languedociennes et des

(1) St Loup avait d'abord épousé la sœur de St Hilaire, évêque d'Arles, cité de Constantin et de la célèbre « Vénus d'Arles », le chef-d'œuvre de sculpture antique exilé au Louvre. Devenu moine de l'Abbaye de Lérins et disciple de St Honorat en 415, il s'arrêta souvent à Villefortis, en se rendant à Toul. Pendant que Paris était sauvé par Geneviève, Orléans par l'évêque Anianus, ce fut St Loup, évêque de Troyes, qui eut, en 450, le mérite de faire reculer les hordes sauvages des Huns se ruant sur la Gaule, sous la conduite du « fléau de Dieu », ce terrible Attila massacreur, dans sa fuite, des 11.000 vierges de Cologne.

Le trésor de la cathédrale de Sens où St Loup fut archevêque, conserve avec un soin jaloux son peigne en ivoire. Cette même ville possède, dans les archives de sa bibliothèque, deux plaques d'ivoire de l'époque gallo-romaine, sculptées et illustrées. C'est la reliure de la célèbre Messe des Fous ou de l'Ane, qu'on célébrait en grande pompe au Moyen Age. Ce superbe diptyque figura dignement à l'Exposition de 1889, à côté du peigne historique.

chèvres du Thibet, importées en France par l'orientaliste Joubert, de Pélissanne.

Où voir, malgré ses 500 ans bien sonnés, un arbre (1) plus vivace et qui fasse plus d'honneur à sa famille : les Amentacées de Linné, que le vieillard à trois jambes qui courbe sa haute taille d'antan, près de ton Collet si venteux ?

Collulum ventosum, sine vento jucundissimum,
cum vento sanissimum !

C'est un châtaignier légendaire, un « Peloussié», comme dénommait ce *Fagus castanea* le poète languedocien De la Fare, l'auteur de la cueillette des châtaignes, *Las Castagnados,* qui était presque de Villefort, puisqu'il était originaire, par ses ancêtres, du château ardèchois de Valgorge, où ses parents Philippe et Etienne De la Fare, l'un Maréchal de France et l'autre Cardinal sous la Restauration, continuèrent d'illustrer le blason marquisal de sa noble famille.

Où trouver des eaux comme les tiennes, plus pures que le cristal (*vitrea puriores*), ainsi que le chantait le poète gallo-romain Ausone, des sources nîmoises ? Et des paysages qui éveillent dans l'imagination des images plus variées ?

Si Paris avait la bienfaisance de ton air vivifiant, aseptique et anti-phtisique, ce serait, selon la boutade humoristique de Méry concernant la Cannebière de Marseille (troun de lairo !), un petit Villefort. (Hum ! Hum !)

Situé au pied du Mont-Lozère, cette Sibérie qui domine de sa formidable ossature de 1702 mètres d'altitude, une Afrique languedocienne où l'ardeur de la canicule ne

(1) La longévité des arbres est plus grande que celle des mortels.

Le plus bel exemple de longévité humaine, sans parler de Mathusalem et de Job, mort à 140 ans, concerne le Hongrois Pierre Czortan qui mourut en 1910, à Temesvor, âgé de 183 ans. Henri Jenkins, du Comté d'York, n'atteignit que 169 ans et l'hôpital de Koursk abrite un Russe qui a 154 ans. Il est veuf depuis 123 ans !

dévore pas cependant les moissons ; coude du Midi dont tu sembles l'articulation et le nœud, tu es le marché réputé des bœufs de la célèbre race du Gévaudan et d'Aubrac, ainsi que des Sardones, des Pélégrines et des Figarettes, *Castaneæ* molles du délicieux *cousinat*, dont les Gavots, les Louzérots et les Caussenards, d'une sobriété spartiate, sont aussi friands que les vifs Ségalais de Florac, ces amis *das lipetiges*, *das bos rebaubis*, des cuissots de mouton ou de lièvre.

Tu joins la carnine des bovidés à la noble fécule des cupulifères originaires de Castana en Thessalie, la viande au pain cévenol, c'est-à-dire l'utile à l'agréable, l'azote de la « char » et la « doulceur exquise » des sardounes glacées.

La bonne reine Claude qu'adorait le Roi vert-galant et plume au vent, François 1er, et la tentatrice rainette des horts babyloniens et des vergers carlovingiens de la Borne et du Chassézac, sont délicieuses et suaves. Aussi ces produits sont-ils recherchés par les fins gourmets de Londres, Paris, Marseille, et les Brillat-Savarins de Nîmes et de Narbonne même.

Dois-je l'oublier ? ta célèbre foire sonnante et cascavellante, comme aurait dit Rabelais, est aussi rambaïeuse que la Sen-Barthoumiou (Barthélemy) d'Alès, ou la « fieiro tarabastejairo de Bèu-caire » inaugurée, en 1216, par le puissant Raymond, comte de Toulouse.

Le 14 septembre est la journée des arrhes pour la louée des varlets, goujarts et servantes ; mais on n'y entend plus le cri mercantile des acheteurs de blondes perruques lozériennes :

Piau fennos ! Piau fennos !

et la Fani, de joyeuse mémoire, ne lance plus, hélas ! aux échos, de sa voix éraillée et doucette, son refrain alaisien :

Avèn li pese grana, l'amour que briho
L'Aubergino, li faviolet, li caulet flòri,
L'ensaladeto de champ, venès midameto !

S'il y a encore, après 40 ans de République, 3 o/o d'illettrés sur 300.000 conscrits, avec notre budget de 120 millions pour le traitement de 112.000 primaires, qui donnent l'instruction à 5 millions d'enfants, dans une France couverte de 68.000 écoles, au lieu et place des blanches églises du Moyen âge, ce n'est pas sur ton sol, Villefort, qu'on pourra trouver une pareille proportion d'inalphabêtistes !

On sait trop ici qu'après le pain, l'éducation est le premier besoin du peuple, suivant la phrase expressive du montagnard Danton.

Et cependant, contrairement au Budget de l'Instruction Publique qui est employé pour une œuvre de vie, le Budget de la Guerre est consacré à une œuvre de mort et se chiffre par la somme très respectable de 1.200 millions !

Quand donc se décidera-t-on à rogner de quelques millions ce dernier, pour augmenter le total du premier ?

L'antique

« Si vis pacem, para bellum ! »

doit céder le pas à une conception plus conforme aux aspirations actuelles et être remplacé par la formule du vingtième siècle :

Si vis pacem, para instructionem !

(Si tu veux la Paix, prépare l'Instruction).

Garde, garde toujours,

Vilo-fort qu'aime coume uno méro,
Vilo-fort, moun Vilo-fort tant poulit !

Garde tes croyances héréditaires et tes souvenirs des temps lointains, où les vieilles « mamés » villefortaises filaient leurs gentilles quenouilles à leurs rouets ronronnants... brr, brr, brr... ; garde tes chères superstitions et tes poétiques légendes, célestes ou infernales, de loups-garous, de fachinières ensorcelleuses, de piquantes roumèques, de draqués mythologiques et de gripés lutins, qui peuvent satisfaire les plus amoureux de fantastique et de merveilleux.

Et, quand souffle en rafale l'aigre bise du nord, « balai céleste qui nettoie l'air et le rend sain », faisant craquer et grincer nos vieux peloussiés, sous l'avalanche et l'amoncellement des glaces hivernales ; quand le soir, sous les croisées bien closes des jeunes filles, passent les conscrits villefortais, chantant en chœur la Marseillaise et dansant la « barandello » cévenole ou la bourrée d'Auvergne, à défaut du bacchuber, de la moresque et de la villanelle ; quand, grelottants autour du foyer où pétillent l'yeuse verte et le houx piquant qui illuminent la vaste cheminée patriarcale, les ancêtres, courbés par l'âge, chevrotent à voix basse le « *Panem nostrum quotidianum da nobis hodie* », les lugubres histoires des Sarrasins d'Espagne (lous maschiaras), des Anglois, de la peste, de l'affreuse Bête du Gévaudan (1), des seigneurs justiciers et des muletiers regordiens attaqués par les loups :

« Quand s'alongo la veiado,
« Quand la famiho avivado
« Pèr la trempo e l'afachado
« Fai round autour dau cremal,

songe, ô Villefort, dans ta douce quiétude, que si l'hiver tue, le printemps fait éclore les roses et revivre les gens.

Pas plus « li bèlli chatouno d'Arle », aux prunelles de

(1) « La Bête du Gévaudan », ce très grand loup qui fut tué en 1767, près de Sauges (Hte-Loire), par Jean Chastel, dans une battue organisée par le Baron d'Apchier, après avoir dévoré cent personnes, s'attaqua un dimanche de l'année 1764 à la femme Coustés, du hameau de la Tube, près de St-André-Cap-Cèze. Elle lui déchiqueta horriblement le bras droit et la dévora presque entièrement.

Pour arrêter la rage de ce loup, il ne manquait au Gévaudan qu'un saint tel que François d'Assise.

Une légende italienne nous apprend, à ce sujet, que les villageois de Gubbio, terrifiés par les déprédations d'un loup de grande taille, n'osaient plus, depuis longtemps, sortir de leur demeure. St François, paraît-il, conclut un traité avec ce loup qui s'engagea à respecter les gens et les bestiaux, à la condition qu'on pourvoirait à sa nourriture ! *Se no è vero, e ben trovato.*

flamme, dont la pure ligne du profil grec, romain et sarrasin, immortalisa la sévère beauté, que les majestueuses languedociennes au type gaulois si bien accentué, amoureuses du clinquant et du bruit, personne ne peut t'habiter l'été sans t'aimer, te quitter sans verser des larmes de regret, sans désirer te revoir et sans murmurer, en son for intérieur, ces vers du grand Horace et de la bohémienne italienne, la charmante et douloureuse Mignon :

Illic vivere vellem !
C'est là que je voudrais vivre !

Mais je ne veux pas aller plus « oultre » et déposer ma plume, Villefort, sans que tes fils connaissent le nom de celui qui exécuta tes belles armoiries, d'après le dessin d'un éminent artiste dont la modestie égale le mérite et sur mes indications.

Tu les dois au maître-éditeur nîmois Jean-Bernard, dont les photographies sont tellement bien réussies qu'elles surprennent, non seulement les randonnées des planomontgolfières, tramways, autos, vélos et rapides, mais figent aussi les gestes des vendangeurs et des sœurs de Mireille cueillant, les cheveux serrés dans la coiffe à cornettes et la poitrine abandonnée aux baisers du soleil, les fruits de l'arbre de Minerve, permettant de revoir, dans la douce quiétude du home, des objets d'un réalisme achevé, depuis longtemps disparus de nos mémoires, comme si le légendaire héros de Gœthe, Faust, amoureux et rajeuni par Méphisto, nous eût mis sur les épaules le riche manteau d'illusions et de rêves qu'il portait, en abordant la belle Marguerite devant le porche de la vieille église gothique allemande.

Si j'ai bien saisi l'élévation de la pensée dominante de M. Bernard, je crois pouvoir affirmer que ce ne sont pas tant les paysages, les cités et les gens qui sont l'objet de sa studieuse sollicitude ; il a toujours eu en vue le doux choc cérébral que les contrées et les gens ont pour mission d'apporter à nos méninges assoiffées de sapience, pour les mettre sur la voie du progrès.

Aussi, pour moi, dont l'unique but a été d'inculquer aux écoliers et à tous les lozériens l'attachement indéracinable à la petite comme à la grande patrie, c'est-à-dire l'amour du foyer, sauvegarde du patriotisme sacré, afin d'endiguer l'exode écœurant des paysans vers les bagnes urbains où fleurissent le vice et la misère, et mettre un terme à l'abandon du métier des ancêtres, je suis heureux d'adresser ici au Maître mes félicitations et mes remerciements les plus cordiaux.

Suum cuique et omnibus Villefortis.
Chacun son droit et Villefort pour tous.

Villefort, clef du Gévaudan, je te salue.

Imp. de La Province, L. Buisson, 168, rue Saint-Maur, Paris.

Imprimerie
de La Province
168, rue
Saint-Maur,
Paris

www.ingramcontent.com/pod-product-compliance
Ingram Content Group UK Ltd.
Pitfield, Milton Keynes, MK11 3LW, UK
UKHW021039220726
13924UKWH00001B/406